Delbert Smith

Como se Tradujeron las Laminas del Libro de Mormon

Delbert Smith

Como se Tradujeron las Laminas del Libro de Mormon

Un estudios de los testimonios

JustFiction Edition

Imprint
Any brand names and product names mentioned in this book are subject to trademark, brand or patent protection and are trademarks or registered trademarks of their respective holders. The use of brand names, product names, common names, trade names, product descriptions etc. even without a particular marking in this work is in no way to be construed to mean that such names may be regarded as unrestricted in respect of trademark and brand protection legislation and could thus be used by anyone.

Cover image: www.ingimage.com

Publisher:
JustFiction! Edition
is a trademark of
Dodo Books Indian Ocean Ltd., member of the OmniScriptum S.R.L Publishing group
str. A.Russo 15, of. 61, Chisinau-2068, Republic of Moldova Europe
Printed at: see last page
ISBN: 978-620-3-57526-2

CÓMO FUERON TRADUCIDAS LAS LÁMINAS DEL LIBRO DE MORMÓN

Delbert D. Smith

Traducción Simón Tapia

La Reorganización
Compartiendo el Mensaje

1

PREFACIO

Este folleto explora la credibilidad del relato dado por José Smith, hijo, con respecto a la traducción del Libro de Mormón. Su afirmación es que recibió un conjunto de láminas de metal que tradujo por el don y el poder de Dios, con la ayuda de los instrumentos que el ángel Moroni llamó "Urim y Tumim". Los escritores del Libro de Mormón se refieren al Urim y Tumim como "intérpretes" porque su propósito es ayudar a las personas proféticas a traducir idiomas desconocidos. Se describen como "dos piedras que fueron fijadas en los bordes de un arco".

Las Escrituras utilizadas en esta obra son publicadas por Herald Publishing House, Independence, Missouri.

1. La edición de 1971 de La versión inspirada de las Santas Escrituras.[1]

2. La edición de 1971 del Libro de Mormón.[2]

3. La edición de 1970 de Doctrina y Pactos.

Una forma simplificada de documentación se utiliza en el cuerpo de este trabajo para acelerar la lectura por aquellos que no estén interesados en verificar las fuentes que han sido consultadas. Para aquellos lectores que quieran hacer una investigación más extensa, las referencias completas se darán en orden alfabético al final del texto.

Un ejemplo es el siguiente. La referencia del texto leerá:

Times and Seasons 3: 753.

La referencia más completa se leerá:

Times and Seasons, Nauvoo, Illinois, 1842-1846.

---

[1] Desde junio de 1830 José Smith comenzó una revisión de las Escrituras que terminó básicamente en julio de 1833. Esta no fue impresa durante la vida del Profeta. Los manuscritos fueron guardados por Emma Smith, quien los entregó a un comité nombrado por la Conferencia General de 1866. Las primeras copias se presentaron en diciembre de 1867. Para las citas en español se usa la versión publicada por Tandyland Ministries, inc., edición 2012. N. del T.

[2] Tanto el Libro de Mormón como Doctrina y Pactos originalmente se publicaron sin versificación ni capítulos. Las versificaciones de las diferentes tradiciones de la restauración pueden variar. También en Doctrina y Pactos se encuentran secciones en común con Doctrina y Convenios, así como muchas diferentes. En español hemos usado la versión de la Restauración, publicada en 2004, en Independence, Missouri, para el Libro de Mormón, y para Doctrina y Pactos la edición de Herald Publishing House, de 1978. N. del T.

Algunas referencias irán seguidas de la palabra "también" y una referencia adicional: "también RLDS History 4:26".

La lista de fuentes secundarias adicionales es para la conveniencia del lector que no tiene las fuentes originales fácilmente disponibles. Por esta sugerencia específica de incluir las fuentes secundarias más fácilmente disponibles, agradezco al fallecido Chris B. Hartshorn.

También quiero agradecer a Frank Evan Fry por transferir material de mi folleto anterior a una computadora, lo que ha ayudado enormemente a la producción de este libro.

Es importante, para los investigadores que buscan la verdad, distinguir cuidadosamente entre fuentes primarias y secundarias. Los investigadores que califican los rumores y las habladurías en igualdad de condiciones con los testigos oculares suelen llegar a conclusiones falsas. El material se trata en dos partes. Esto se hace para aclarar las diferencias entre las fuentes primarias y secundarias.

En la primera parte examinaremos el testimonio de fuentes primarias tempranas y las fuente secundarias muy tempranas.

En la segunda parte, examinamos el testimonio de muchas fuentes secundarias posteriores, aunque algunas carecen de credibilidad.

Parte 1

Testigos oculares y relatos secundarios tempranos

Los propósitos de Dios no pueden ser frustrados

Los diseños y propósitos de Dios, en relación con los medios que Él designó para traer y traducir las láminas de metal que contienen lo que ahora se conoce como el Libro de Mormón, no se han frustrado. Esto es cierto a pesar de la intención declarada de muchos, no en armonía con el movimiento de la Restauración, de demostrar lo contrario.

Durante más de un siglo, los enemigos de José Smith y de la Iglesia de Jesucristo, que fue restaurada a través de él, han tratado de desacreditar completamente el Libro de Mormón. Otros han tratado de encontrar alguna explicación para su existencia que no sea la proclamada por el profeta.

José declaró que un ángel de Dios le había dicho dónde se podían encontrar ciertas láminas de metal junto con el Urim y Tumim. Finalmente se le dio la posesión de ellas. Por el don y el poder de Dios, tradujo los jeroglíficos de las láminas al inglés con el Urim y Tumim.

El propósito divino de Dios

El propósito divino de Dios fue específicamente revelado a José Smith, hijo, por un mensajero angelical en 1823, antes de que él hubiera recibido las láminas o los intérpretes.

"También había dos piedras en arcos de plata, y estas piedras unidas a un pectoral constituían lo que se llama Urim y Tumim depositado con las láminas, y la posesión y uso de estas piedras fue lo que constituyó a los videntes en tiempos anteriores y antiguos, y estos Dios los había preparado con el propósito de traducir el libro."[3]

Los profetas describieron el Urim y Tumim

El propósito de Dios para el Urim y Tumim se revela claramente cuando se sigue el relato histórico de su uso a través del Libro de Mormón. Cuando los intérpretes fueron entregados al Hermano de Jared,

---

[3] Times and Seasons 3: 753, también RLDS History 1: 13-14.

se le dijo que el idioma en el que escribió se confundiría y que estos "manifiesten a ojos de los hombres las cosas que escribirás."[4]

Ammón le dijo al rey Limi que su padre, el rey Mosías, tenía "intérpretes" a través de los cuales podía mirar y "traducir todo escrito de épocas antiguas; y don de Dios es."[5]

Una descripción de estos intérpretes se encuentra en Mosías.

"Y ahora bien, tradujo los escritos por medio de aquellas dos piedras que estaban engastadas en los dos cercos de un arco. Ahora bien, estas cosas estaban preparadas desde el principio y fueron transmitidas de generación en generación con el propósito de interpretar lenguas; y han sido guardadas y preservadas por mano del Señor... Y quienquiera posee estas cosas se le llama vidente, a la manera de los tiempos antiguos."[6]

A Mormón, un gran profeta nefita, se le ordenó sellar las láminas con los instrumentos de traducción para que los propósitos de Dios pudieran cumplirse en ellas.

El propósito divino de los intérpretes es especificado por el Señor al profeta, José Smith, hijo, en dos revelaciones tempranas. Le dijeron que le habían dado el poder de traducir "por los medios preparados de antemano."[7] Esos medios se describieron como "por medio del Urim y del Tumim."[8]

José perdió las láminas y el poder de traducir por un tiempo, cuando permitió que Martin Harris tomara 116 páginas del manuscrito para mostrárselo a su familia. Cuando se devolvieron las láminas y el poder, José recibió la instrucción de "continúa(r) hasta que concluyas el resto de la obra de traducción como has comenzado."[9] Era bien sabido que José Smith había comenzado la traducción de las láminas a través de los intérpretes, a los que llamó Urim y Tumim, por el don y el poder de Dios. Esto también es consistente con la revelación que designa a Los Tres Testigos, en la que el Urim y Tumim se identifica como los instrumentos

---

[4] Eter 1: 87-89.

[5] Mosías 5: 72-75.

[6] Mosías 12: 18-21.

[7] Doctrina y Pactos 17: 2c.

[8] Doctrina y Pactos 3: 1a.

[9] Doctrina y Pactos 3: 1 c.

dados al Hermano de Jared como los medios preparados por Dios para la traducción de idiomas.[10]

La frase "por medio del Urim y Tumim" no se incluyó cuando la revelación de Doctrina y Pactos 3 se imprimió en el capítulo 9 del Libro de Mandamientos. Puede parecer, a primera vista, que la versión del Libro de Mandamientos sería más precisa debido a su fecha de impresión anterior, 1833. Sin embargo, la evidencia es lo contrario. Los hechos son que la impresión de las revelaciones en el Libro de los Mandamientos y en algunas de las publicaciones periódicas muy tempranas contenía muchos errores y omisiones.

Oliver Cowdery, quien estuvo involucrado en la impresión temprana, tanto en el proceso inicial como posterior, hizo estos comentarios sobre las correcciones hechas en la publicación posterior de la iglesia de esas primeras revelaciones:

"Con respecto a las revelaciones simplemente decimos, no nos sorprendió poco encontrar la impresión anterior tan diferente del original. Les hemos hecho una comparación cuidadosa, asistidos por individuos cuya integridad y capacidad conocidas son irrefutables. Dicho esto, no reflexionamos sobre aquellos a quienes se les encomendó la responsabilidad de publicarlas en Missouri, ya que nuestra propia labor fue incluida en ese importante servicio a la iglesia, y fue nuestro esfuerzo incesante hacer que se correspondieran con la copia que nos fue proporcionada. Creemos que ahora son correctas."[11]

"Hemos insertado nuevamente artículos y convenios de acuerdo con nuestra promesa en un número anterior, para beneficio de nuestros hermanos en el extranjero que no tienen el primer número del primer volumen. Como hubo algunos errores que se introdujeron en ellos al transcribir, hemos obtenido la copia original e hicimos las correcciones necesarias."[12]

W. W. Phelps, quien publicó el Libro de Mandamientos, así como muchas de las revelaciones en los primeros números de la Evening and Morning Star, respaldó la impresión de las revelaciones incluidas en la edición de 1835, Kirtland, de Doctrina y Pactos como correctas.[13]

---

[10] Doctrina y Pactos 15: 1.

[11] RLDS Historia 1: 580 - 581.

[12] RLDS History 1: 580-581.

[13] Historia de RLDS 1: 579.

El uso de José del Urim y Tumim

En los primeros años, José no ofreció muchos detalles sobre el proceso de traducción. En 1828 se le advirtió que se mantuviera en silencio hasta que "sea mi voluntad hacer saber al mundo todas las cosas concernientes a este asunto."[14] Sin embargo, dio detalles específicos relacionados con el tema de la traducción en su historia de la Iglesia. El aumento de las publicaciones difamatorias creó una necesidad obvia de una declaración clara y precisa de la historia temprana de la Iglesia. Esta necesidad se indica en un editorial en Elders' Journal, en el que José denunció a un grupo que había sido expulsado de la iglesia de que "había recurrido a la mentira más repugnante y la más baja calumnia para ocultar su iniquidad."[15]

La declaración inicial de la historia de José indica, además, la necesidad de revelar los detalles de los eventos que ocurrieron.

"Debido a los muchos informes que han sido puestos en circulación por los malvados designios de las personas, en relación con el surgimiento y el progreso de la Iglesia de Jesucristo de los Santos de los Últimos Días, todos los cuales han sido diseñados por sus autores para militar contra su carácter como iglesia y su progreso en el mundo, he sido inducido a escribir una historia para desilusionar a la mente pública y poner a todos los investigadores de la verdad en posesión de los hechos que ocurrieron en relación tanto conmigo como con la iglesia, hasta donde tengo tales hechos en mi posesión."[16]

La historia de José fue publicada en 1842 y 1843 en Times and Seasons. En ella encontramos el testimonio inequívoco de José de que tenía los intérpretes, a los que llamó Urim y Tumim, en su poder durante todo el período de la traducción del Libro de Mormón. También declaró que eran los instrumentos a través de los cuales el Libro de Mormón fue traducido por el don y el poder de Dios.

Este testimonio es de importancia primordial porque es el testimonio de la persona más íntimamente involucrada en el uso de los instrumentos en el proceso de traducción, y fue escrito mientras todavía estaba fresco en su memoria. La autenticidad de este relato está

---

[14] Doctrina y Pactos 3: 7.

[15] Elders' Journal 1:56.

[16] Times and Seasons 3: 726-727.

asegurado por el hecho de que José fue editor de ese documento durante 1842.

José declara en su historia que Martin Harris lo había ayudado como escriba del 12 de abril al 14 de junio de 1828. Poco después de que hubieran terminado las primeras 116 páginas (en papel de oficio), José atendió las instancias de Martin de preguntar al Señor, a través del Urim y Tumim, si Martin debería tomar la parte traducida para mostrársela a sus amigos.[17]

Aunque recibió una respuesta negativa, José cedió a la importunidad de Martin. Como consecuencia de su desobediencia, le fueron quitados las láminas y los intérpretes por un tiempo. En julio de 1828 fueron devueltos y, a través del Urim y Tumim, José recibió la revelación que ahora es la Sección 2 de Doctrina y Pactos.

"Inmediatamente después de mi regreso a casa, estaba caminando un poco cuando vi que el antiguo mensajero celestial apareció y me entregó nuevamente el Urim y Tumim (porque me lo había quitado, como consecuencia de haber cansado al Señor al pedirle el privilegio de dejar que Martin Harris tomara los escritos que perdió por transgresión) y le pregunté al Señor a través de ellos y obtuve la siguiente revelación:"[18]

Después de esto, le fueron tomados nuevamente, y regresaron por segunda vez después de un corto período y, a través del Urim y Tumim, se dio otra revelación, que ahora es la Sección 3 de Doctrina y Pactos, en la que José recibió instrucciones de completar la traducción como había comenzado. "Después de haber obtenido la revelación anterior, me fueron quitados tanto las láminas como el Urim y Tumim; pero en unos días me fueron devueltos, cuando pregunté al Señor, y el Señor me dijo así:"[19]

José no comenzó a traducir de inmediato. Oliver Cowdery llegó en abril de 1829 para actuar como escriba para él, y se renovó el trabajo de traducción.

"Dos días después de la llegada del Sr. Cowdery, (siendo el 17 de abril), comencé a traducir el Libro de Mormón, y él comenzó a escribir para mí, lo cual habiendo continuado por algún tiempo, le pregunté al

---

[17] Times and Seasons 3: 785, también RLDS History 1:24.

[18] Times and Seasons 3: 786 también RLDS History 1:24.

[19] Times y Seasons 3: 801, también RLDS History 1:25.

Señor, a través del Urim y Tumim, y obtuve la siguiente revelación:"[20]

A continuación, sigue Doctrina y Pactos 6.

En su historia, José declara específicamente que mientras traducía las láminas, también usó el Urim y Tumim para recibir revelaciones que se encuentran en Doctrina y Pactos, Secciones 7, 12, 13, 14 y 15.[21]

Él afirma, inequívocamente, que cuando se completó la traducción de las láminas, éstas, el Urim y Tumim y el pectoral fueron devueltos al Ángel.

"...Las láminas, el Urim y Tumim, y el pectoral... permanecieron seguros en mis manos hasta que logré con ellos lo que se requería de mi mano, cuando de acuerdo con los arreglos el mensajero los pidió, los entregué a él, y los tiene a su cargo..."[22]

En un editorial de preguntas y respuestas, en Elders' Journal de 1838, José Smith, en términos lúcidos, explica el uso del Urim y Tumim en el proceso de traducción.

"Pregunta 4. ¿Cómo y dónde obtuvo el Libro de Mormón?"

"Respuesta. Moroni, la persona que depositó las láminas de donde se tradujo el Libro de Mormón... me dijo dónde estaban; y me dio instrucciones sobre cómo obtenerlas. Las obtuve, y el Urim y Tumim con ellas, por medios de los cuales traduje las láminas; y así surgió el Libro de Mormón."[23]

En tres cartas, escritas por José Smith cerca del final de su vida, enfatiza el cumplimiento histórico del propósito de Dios con el Urim y Tumim. En estos relata que tradujo a través del Urim y Tumim por el don y el poder de Dios los jeroglíficos de las láminas de un idioma desconocido.

1. José describe el instrumento que usó para traducir el Libro de Mormón en una carta a John Wentworth, editor del Chicago Democrat (marzo de 1842).

"Con los registros se encontró un curioso instrumento llamado 'Urim y Tumim,' que consistía en dos piedras transparentes colocadas en el borde de un arco, sujeto a un pectoral... A través del Urim y Tumim

---

[20] Times and Seasons 3: 832, también RLDS History 1: 29-30.

[21] Times and Seasons 3: 853, 885, 897, también RLDS Historia 1: 33, 43-45.

[22] Times and Seasons 3: 772.

[23] Elders' Journal 1: 42-43.

traduje el registro por el don y poder de Dios."[24]

2. En una carta de aclaración al Times and Seasons (15 de mayo de 1843) José dijo que tradujo de las láminas.

"A través de su periódico, deseo corregir un error... No hay griego ni latín en las láminas de las cuales, por la gracia de Dios, traduje el Libro de Mormón."[25]

3. En una carta a James A. Bennett, en noviembre de 1843, José declara que tradujo el Libro de Mormón de los jeroglíficos.

"...la verdad, porque la verdad es una cuestión de hecho; y el hecho es que, por el poder de Dios, traduje el Libro de Mormón de los jeroglíficos cuyo conocimiento se perdió para el mundo."[26]

El testimonio de José consistentemente tiene el impacto de declaraciones cuidadosamente pensadas, escritas deliberadamente para despejar el aire de mucha información errónea y falsas acusaciones.

Como se le encargó específicamente que continuara la traducción de las láminas tal "como has comenzado" (las primeras 116 páginas habían sido traducidas mediante el uso de los intérpretes, a los que José se refirió como Urim y Tumim); y dado que José declara específicamente que usó el Urim y Tumim tanto para traducir el registro como para recibir las revelaciones 7 a 15 de Doctrina y Pactos (cuyas revelaciones se recibieron durante un período idéntico al utilizado en la traducción del Libro de Mormón); y dado que él dice que todavía tiene los instrumentos originales para regresarlos al ángel, junto con las láminas, al completar la traducción, el testimonio de José afirma constantemente su uso del Urim y Tumim para la traducción de las láminas, tal como Dios lo había designado.

El testimonio de Oliver Cowdery

El testimonio de Oliver Cowdery es el segundo en importancia, solo tras el del profeta, ya que actuó como escriba para la mayor parte de la traducción. En un testimonio publicado, verificó consistentemente el testimonio de José de que el Urim y Tumim fue utilizado en la traducción del Libro de Mormón desde las láminas.

---

[24] Times and Seasons 3: 707.

[25] Times and Seasons 4: 194.

[26] Times and Seasons 4: 373.

En una carta a W. W. Phelps, fechada el 7 de septiembre de 1834, y publicada en el Messenger and Advocate, del que Oliver Cowdery era editor, Oliver describe su experiencia como escriba de José.

"¡Fueron días que nunca se olvidarán: sentarse bajo el sonido de una voz dictada por la inspiración del cielo, despertó la mayor gratitud de este seno! ¡Día tras día continué sin interrupciones, para escribir de su boca mientras traducía con el Urim y Tumim o, como los nefitas habrían dicho [sic] 'Intérpretes', la historia o registro llamado 'El libro de Mormón!'"[27]

Catorce años después, todavía se informa que ha dado el mismo testimonio claro e inconfundible.

"Amigos y hermanos, mi nombre es Cowdery, Oliver Cowdery... Escribí con mi propio lápiz todo el Libro de Mormón (salvo algunas páginas) a medida que salía de los labios del profeta José Smith, mientras él traducía por el don y el poder de Dios por medio del Urim y Tumim o, como lo llama ese libro, 'intérpretes sagrados'. Contemplé con mis propios ojos y manejé con mis propias manos las láminas de oro de las cuales fue traducido. También vi con mis ojos y manejé con mis manos los 'santos intérpretes.' Este libro es verdadero."[28]

Los repetidos testimonios de Oliver Cowdery sobre el uso del Urim y Tumim por parte de José Smith son particularmente significativos, ya que Oliver no llegó a la escena de la traducción hasta abril de 1829. Eso fue casi un año después de la pérdida de las 116 páginas de oficio del material traducido. Si José no tenía estos instrumentos de traducción en su poder en el momento en que estaba traduciendo el Libro de Mormón, o si hubiera estado usando algún método sustituto, como algunos escritores posteriores han especulado, Oliver no podría haber dado testimonio sincero de que ambos habían visto y manejado los "intérpretes" nefitas.

Dos hechos adicionales sobre el testimonio de Oliver se suman a su importancia. Un hecho es que los testimonios de Oliver Cowdery constituyen el único testimonio primario que está disponible, además de los de José y el de las Escrituras. Oliver era la única persona, aparte de José, en el movimiento de la Restauración que personalmente vio, manejó

---

[27] Historia RLDS 1: 33.

[28] Myth of Manuscript Found, p. 79-80 también RLDS History 1:50.

y usó los "Intérpretes Nefitas."[29]

Otro hecho es que las revelaciones contenidas en Doctrina y Pactos reivindican el testimonio de Oliver sobre este punto. En Doctrina y Pactos 8: 3f, se le prometió a Oliver el privilegio de "traducir y recibir conocimiento de todos esos registros antiguos que se han escondido, que son sagrados..." Más tarde se le dijo:

"He aquí, es porque no continuaste como al principio, cuando empezaste a traducir, que te he quitado este privilegio."[30]

Fuentes secundarias tempranas

Los primeros relatos secundarios del proceso de traducción ofrecen alguna evidencia distorsionada de la existencia del Urim y Tumim y la posesión de las láminas por parte de José, a pesar de que estos relatos se basan en habladurías, rumores y curiosidad más que en hechos. Los primeros informes periodísticos negativos a la causa, informados por F. W. Kirkham, corroboran las declaraciones de José y Oliver de que usaron el Urim y Tumim (descrito por estos editores como anteojos) para traducir el Libro de Mormón.

Uno de estos relatos se imprimió en Rochester, (N. Y.) Daily Advertiser and Telegraph, en el mismo mes en que el Libro de Mormón salió a la prensa, agosto de 1829.

"...después de penetrar la 'madre tierra' una poca distancia, se encontró la Biblia junto con un gran par de anteojos. Sin embargo, se le había ordenado que no permitiera que ningún mortal las examinara, 'con un castigo no menor que la muerte instantánea.' Por lo tanto, estaban muy bien envueltos y excluidos de la 'mirada vulgar de los pobres mortales malvados.' Se decía que las hojas de la Biblia eran láminas de oro... sobre las cuales estaban grabados los caracteres de los jeroglíficos [sic]. Al colocar los anteojos en un sombrero, y al mirarlos Smith podía (al menos eso dijo) interpretar estos personajes."[31]

---

[29] La única posible excepción a esta declaración es el reclamo de Lucy Mack Smith, la madre de José, quien declaró que vio el Urim y Tumim cuando José lo trajo a casa por primera vez. No he descubierto ninguna evidencia histórica confiable para disputar su reclamo. El testimonio de la descripción y el uso del Urim y Tumim verifican, aún más, el de José y Oliver.

[30] Doctrina y Pactos 9: 2c.

[31] New Witness 1: 151.

El 5 de septiembre de 1829, apareció un artículo muy similar en Rochester Gem (N. Y.) de una entrevista con Martin Harris, que también afirmaba que se usaba un "gran par de anteojos" para traducir.[32]

En un editorial del Palmyra Reflector (N. Y.) del 14 de agosto de 1830, se hace referencia a los "anteojos mágicos de Joe Smith," utilizados para traducir.[33]

Este último editorial fue escrito varios meses después de la publicación del Libro de Mormón. Si hubiera habido algún uso de un instrumento sustituto, distinto de los "intérpretes sagrados" (anteojos), seguramente estos editores habrían hecho mención de él.

De una publicación religiosa hostil se encuentra otro relato, muy temprano, que verifica aún más la historicidad del uso de los intérpretes por José, los que el Señor había provisto como medio para traducir el Libro de Mormón. Las siguientes declaraciones se encuentran en un artículo titulado "Delirios," de Alexander Campbell (fundador de los Discípulos de Cristo) en The Millennial Harbinger, febrero de 1831. Campbell fue editor y editor de este artículo.

"Este profeta Smith, a través de sus anteojos de piedra, escribió en las láminas de Nefi, en su libro de Mormón... El libro más malo en el idioma inglés: pero es una traducción hecha a través de anteojos de piedra, en un cuarto oscuro y ¡en el sombrero del profeta Smith, del reformado egipcio!" The Millennial Harbinger 2: 93-95.[34]

Es evidente, a partir de estos informes que, incluso los espectadores, estaban al tanto de "los amplios anteojos" y las "láminas."

Es igualmente discernible que cualquier idea de un método sustituto no se consideró en ese momento. Campbell habría ridiculizado el uso de un método de traducción sustituto, aún más fervientemente que el uso de los "anteojos," si hubiera habido alguna pista sobre el uso de algún instrumento sustituto asociado con José y la traducción en 1831.

Estos primeros relatos, aunque se oponen al movimiento de la Restauración, sirven para verificar el testimonio de José y Oliver sobre el uso de los instrumentos originales en cumplimiento del propósito de Dios para ellos.

---

[32] New Witness 151-152.

[33] New Witness p. 437.

[34] The Millennial Harbinger 2: 93-95.

Otro testigo secundario refleja la comprensión de los santos, dentro de la iglesia, en los primeros días en relación con el uso de los intérpretes. John Corrill, uno de los misioneros en los primeros días del movimiento de la Restauración, que se convirtió en disidente en Far West, dejó este testimonio escrito en 1839.

"Y Martin Harris, quien contribuyó mucho a la publicación del Libro, extrajo varios caracteres en papel, los llevó a los eruditos en Nueva York para ver si podían traducirlos, pero se le pidió que les trajera las láminas, lo cual el Señor se lo prohibió a Smith, pero se le ordenó traducirlos él mismo, lo que hizo, con la ayuda de los que llama Urim y Tumim, dos piedras colocadas en un arco y provistas por un ángel para ese propósito."

"Después de terminar la traducción, el ángel tomó y ocultó las láminas y las piedras del Urim y Tumim por un sabio propósito, y la traducción se publicó para el mundo en el invierno de 1829 a 1830 d. C."[35]

Una advertencia divina

El mensajero angelical que confió las láminas y los intérpretes a José Smith le ordenó al Profeta que no se los mostrara a nadie, excepto a aquellos a quienes el Señor les ordenara que se los mostrara. Esto fue antes de que José los hubiera recibido.

"Una vez más me dijo que cuando recibiera las láminas de las que había hablado... no debería mostrárselos a ninguna persona, ni el pectoral con el Urim y Tumim, solo a aquellos a quienes se me ordenaría que se los mostrase, si lo hacía, debería ser destruido."[36]

Junto con una afirmación de esta advertencia divina, en un relato del Rochester Daily Advertiser and Telegraph, se hace mención de un sombrero en relación con los "anteojos." Dado que algunos testigos secundarios han hecho referencias a un sombrero, se alza la pregunta "¿Por qué un sombrero?"

Por la ausencia evidente de cualquier mención de un sombrero por parte de José Smith o de Oliver Cowdery, los que vieron y usaron los instrumentos de traducción, se puede concluir que el sombrero no tuvo importancia en el proceso de traducción real. José, posiblemente, cumplió

---

[35] Corrill History, p. 12

[36] Times and Seasons 3: 753.

la confianza divina depositada en él usando un sombrero para esconder los intérpretes de aquellos que no habían sido, específicamente, designados para verlos. Sirvió para ocultarlos de la vista de los no designados, de la misma manera que tanto el mantel de lino y la funda de almohada fueron usados para ocultar las láminas. La fidelidad de José al ocultar tanto las láminas como los intérpretes de todos, excepto aquellos a quienes Dios le instruyó, es verificada por su hermana, Katherine (Smith) Salisbury, en una carta al Saint's Herald en 1866.

Aunque este testimonio se registró en una fecha mucho más tardía que otras consideradas aquí, es primordial en este aspecto de nuestra preocupación, y demuestra que José no rompió su confianza ni siquiera por los lazos familiares.

"Recuerdo bien las pruebas que tuvo mi hermano antes de obtener los registros. Después de tener la visión, iba con frecuencia a la colina y al regresar nos decía: 'He visto los registros, también las láminas de bronce y la espada de Labán con los intérpretes.' Le preguntaba a su padre por qué no podía conseguirlos. Todavía no había llegado el momento, pero cuando llegó, se le ordenó ir el día 22 de septiembre de 1827 a las 2 en punto. Supusimos que cuando él los llevaría a casa toda la familia podría verlos, pero él dijo que estaba prohibido por el Señor. Solo podían ser vistos por aquellos que fueran elegidos para dar su testimonio al mundo. Por lo tanto, teníamos que contentarnos hasta que fueran traducidos y pudiéramos tener el libro para leerlo."[37]

William Smith, el hermano mayor de José, dio un testimonio similar en 1884. Dijo que a nadie de la familia se le permitió ver las láminas, pero se les permitió sentirlas a través de una funda de almohada que las ocultaba.[38]

Su testimonio, junto con los de otros, nuevamente señala que José Smith y Oliver Cowdery fueron los únicos testigos principales del uso de los instrumentos de traducción y que José fue fiel en cumplir esta dirección del Ángel.

Conclusiones

José Smith y Oliver Cowdery fueron los únicos que tuvieron permiso divino para usar los intérpretes, a los que llamaron Urim y

---

[37] Saint´s Herald 33: 260.

[38] Historia de la Iglesia p. 59.

Tumim, en la traducción. Por lo tanto, eran los únicos que sabían de primera mano qué se usaba y cómo. Cuando tomamos sus testimonios, desordenados por declaraciones confusas de testigos secundarios, hechos en fechas muy posteriores (cuya validez se examinará en la parte 2), podemos sacar estas conclusiones:

1. Los "Santos Intérpretes" fueron preparados por Dios, con el propósito de traducir idiomas por el poder de Dios, y fueron preservados con las láminas del Libro de Mormón específicamente para su traducción.

2. Este propósito es adicional y específicamente establecido en Doctrina y Pactos 17: 2 y 3: 1, y por el ángel a José Smith.

3. José tenía los "Santos Intérpretes," a los que llamó Urim y Tumim, disponibles durante el tiempo de la traducción del Libro de Mormón.

4. José usó los intérpretes cuando tradujo el Libro de Mormón por el don y el poder de Dios.

5. El testimonio de Oliver Cowdery reafirma el relato de José, de que el Urim y Tumim fueron los medios utilizados para traducir las láminas.

6. Relatos muy tempranos, incluso de fuentes seculares y hostiles, verifican los testimonios básicos de José y Oliver.

Los propósitos de Dios al preservar a los intérpretes, designados por la revelación como Urim y Tumim, no se han frustrado. Uno de sus principales propósitos al preservarlos fue que, a través de ellos, el mensaje del Libro de Mormón podría traducirse y salir al mundo.

Parte 2:
Relatos secundarios posteriores

Hecho versus mito

José Smith y Oliver Cowdery, los únicos testigos que vieron y manejaron los instrumentos de traducción en el proceso designado, testificaron constantemente que el propósito de Dios no había sido frustrado, sino que las láminas habían sido traducidas a través del Urim y Tumim por el don y el poder de Dios. .

Las fuentes secundarias de fecha muy temprana, incluidas las abiertamente antagónicas al movimiento de la Restauración, aún sirven para fundamentar las bases de sus testimonios.

Esta sección demostrará cómo se han utilizado los mitos y los rumores en los esfuerzos por desacreditar tanto al Libro de Mormón como a los medios por los cuales fue traducido.

Mitos históricos

A medida que los años tienden a oscurecer un evento, a menudo surge una mezcla de afirmaciones falsas y rumores, llamados mitos históricos. El Sr. James A. Halstead, M. D., describe cómo se ha producido este fenómeno desde la muerte de Franklin D. Roosevelt, ex presidente de los Estados Unidos. Él hace este comentario sobre tales mitos:

"Los mitos históricos se han hecho conocidos y han sido aceptados como verdades porque alguien hizo una declaración sin fundamento de hecho. La declaración, sin ser refutada por nadie interesado en la precisión de la misma, se repitió con la frecuencia suficiente para que eventualmente todos la crean sin cuestionarla." Los historiadores dicen que, lamentablemente, esta es la forma en que se escribe parte de la historia."[39]

Algunos mitos históricos (definidos como historias ficticias o imaginarias por The American Heritage Dictionary) han surgido alrededor de la publicación del Libro de Mormón. Una de las más persistentes es la teoría de que José Smith utilizó una "piedra santa" para su traducción, en

---

[39] Today's Health 40:53.

lugar de los intérpretes encontrados con las láminas.

Aunque el mito de la "piedra santa" proviene en gran medida de los cargos perjudiciales de una publicación anti-mormona en 1834, puede haber surgido de la confusión de una piedra, a través de la cual Hiram Page afirmó recibir revelaciones, con el término "piedra vidente" mencionado por Oliver Cowdery cuando se refiere al Urim y Tumim. Hoy en día existen varias "piedras santas," reliquias de la tradición india, que se ajustan a la descripción de la piedra utilizada por Hiram Page.

José Smith relata que el hermano Page tenía una piedra por la cual afirmó recibir revelaciones que no estaban en armonía con las Escrituras. Esto fue en agosto y septiembre de 1830, significativamente más de un año después de la finalización de la traducción del Libro de Mormón.

"Sin embargo, al descubrir que muchos (especialmente la familia Whitmer y Oliver Cowdery) creían mucho en lo expuesto por esta piedra, pensamos mejor en preguntarle al Señor sobre un asunto tan importante, y antes de que se convocara la conferencia, nosotros recibimos lo siguiente:"[40]

Luego siguió la revelación que es la Sección 27 de Doctrina y Pactos. En esta, el Señor le dijo a Oliver Cowdery que fuera personalmente a Hiram Page y "y le dirás que las cosas que ha escrito por medio de aquella piedra no son mías, y que Satanás le engaña."[41]

Este ministerio fue exitoso como se puede ver en el siguiente relato de José.

"Finalmente, la conferencia se reunió; el tema de la piedra... fue discutido, y después de una investigación considerable, el Hermano Page, así como toda la iglesia, que estaban presentes, renunciaron a dicha piedra y todas las cosas relacionadas con ella, bastante para nuestra mutua satisfacción y felicidad."[42]

A pesar de esta clara distinción entre quienes asistieron a la conferencia, encontramos que cuatro años más tarde, D. P. Hurlbut, en el infame libro Mormonism Unvailed, acusa falsamente al profeta de haber usado una piedra para traducir el Libro de Mormón. Esto ha dado énfasis

---

[40] Times and Seasons 4: 117-119, también RLDS History 1: 118.

[41] Doctrina y Pactos 27: 4b.

[42] Times and Seasons 4: 146 también RLDS History 1: 123-124

a una larga serie de tergiversaciones, por parte de los enemigos de la causa, que resultó en que el mito histórico confundiera la piedra de Page con los medios que Dios había preparado para la traducción del Libro de Mormón.

Las dos fuentes más citadas utilizadas en apoyo del mito de que se usó una "piedra sagrada" en lugar de los intérpretes para traducir el Libro de Mormón, son el libro Mormonism Unvailed de 1834 y un artículo impreso en el Chicago Inter-Ocean del 17 de octubre de 1886, que pretendía ser una entrevista con David Whitmer. El libro, Mormonism Unvailed, está tan lleno de contradicciones y prejuicios que de ninguna manera puede admitirse como una historia confiable. A pesar de este hecho, ha demostrado ser una fuente fructífera para los pseudohistoriadores y enemigos del movimiento de la Restauración desde su publicación. El material para él fue escrito en gran parte por D. P. Hurlbut. Hurlbut había sido condenado en dos tribunales eclesiásticos por "conducta no cristiana con el sexo femenino."

Luego fue perdonado sobre la base de una plena confesión y expresión de arrepentimiento. Sin embargo, dos días después de ser perdonado, el 23 de junio de 1833, fue expulsado de la iglesia por el cargo de alardear de haber engañado al Dios de José. Historia de RLDS 1: 295-296. Luego comenzó a asaltar a la iglesia. Hurlbut ayudó a E. D. Howe a preparar Mormonism Unvailed, publicado en 1834. Hurlbut había sido expulsado y Howe estaba enojado porque su esposa y otros miembros de su familia se habían unido a la iglesia.[43] Las acusaciones en el libro son de poco valor para el historiador serio.

El artículo impreso en Chicago Inter-Ocean contiene declaraciones atribuidas a Whitmer que son muy similares a las que se encuentran en Mormonism Unvailed. David personalmente negó este artículo, alegando que no era un verdadero informe de su testimonio.[44]

Testimonio de David Whitmer

El testimonio de David Whitmer es de naturaleza secundaria porque no usó el Urim y Tumim ni lo vio. Sin embargo, su testimonio posterior requiere un examen cuidadoso porque ha sido ampliamente difundido y, frecuentemente, citado.

David conoció a José Smith por primera vez en junio de 1829. Se

---

[43] Historia de la Iglesia, p.107-108.

[44] Saints 'Herald 33: 764-765.

hicieron buenos amigos y David fue bautizado por José en el lago Séneca, en el estado superior de Nueva York. Poco después se convirtió en uno de los Tres Testigos a quienes un ángel les mostró las láminas. David reafirmó este particular testimonio hasta su muerte. A pesar de la confusión en torno a otras declaraciones que, según se informa, fueron hechas por él, esta se mantuvo clara y verdadera.

Durante los siguientes 50 años, David tuvo una relación bastante inestable con la Iglesia. El primero de sus problemas comenzó con su cuñado, Hiram Page. En agosto de 1830, aproximadamente un año después de la finalización de la traducción del Libro de Mormón, Hiram tuvo una piedra a través de la cual afirmó recibir revelaciones de Dios. Ésta a menudo se conoce como una "piedra sagrada."

Esto causó una pequeña crisis en la iglesia ya que la familia Whitmer y Oliver Cowdery, quien se casó con una de las hijas de Whitmer, creían en la piedra. De esta experiencia, como se mencionó anteriormente, todo parecía haberse reconciliado cuando la piedra, y todo lo relacionado con ella, fue desechada. David, sin embargo, parece nunca haber perdido su creencia en los poderes de tal piedra.

La siguiente relación de David con una "piedra sagrada" apareció en Kirtland, Ohio, en 1837. Esta controversia se centró en una joven que se hacía llamar una vidente. Esta vidente vivía en la casa de David Whitmer, donde mantenía reuniones y afirmaba que recibía "revelaciones" a través de una piedra sagrada. Una de las "revelaciones" que recibió fue que José Smith era un profeta caído y que Oliver Cowdery o David Whitmer lo sucederían.[45]

David se unió a otros para oponerse a José Smith en ese momento.

"Esta perturbación condujo a unos a la apostasía, el rechazo de algunos por parte de la iglesia y la reconciliación de otros..."[46]

David estaba entre los reconciliados. El 13 de abril de 1838, David tuvo cargos proferidos contra él y fue expulsado de la iglesia.

En 1847, tres años después de la muerte de José, una iglesia disidente fue formada por William E. McLellin, que también había sido separado de la iglesia en 1838, y otros. Entre los miembros del grupo estaban Hiram Page, Martin Harris, John y Jacob Whitmer. En diciembre

---

[45] Saints' Herald, 33: 764-765.

[46] RLDS History 2: 102.

de ese año, este grupo reconoció oficialmente a David Whitmer como su presidente y profeta. Después de este reconocimiento, David dio varias "revelaciones" a la iglesia recién fundada.

En 1849, sin embargo, se había desencantado con este nuevo movimiento y negaba los principios enseñados en las "revelaciones" que había dado.[47]

El Gospel Monitor se inició en Hannibal, Missouri, con J. J. Crammer como editor, a mediados del año 1880. Se opuso al trabajo de la Reorganización y abogó por el derecho de David Whitmer a dirigir la iglesia.[48]

La historia no muestra claramente si David alguna vez aprobó esta propuesta.

David Whitmer encabezó otro movimiento religioso en 1886. Se afirmó que tenía derecho a ser su presidente en virtud de su ordenación a la presidencia del Sumo Consejo en Sion en 1834.[49]

En 1887, en relación con la circulación de su folleto, "Un discurso a todos los creyentes en Cristo, por un testigo de la autenticidad divina del Libro de Mormón," se hizo otro intento de una iglesia con David Whitmer dirigiéndola.[50]

Durante los últimos años de su vida, se atribuyeron a Whitmer diversas declaraciones sobre los medios de traducción del Libro de Mormón. Si tuviéramos que determinar qué instrumentos se usaron en la traducción únicamente por el número de declaraciones registradas que, supuestamente, fueron hechas por él, concluiríamos, por todas las fuentes que pude reunir, que José Smith usó el Urim y Tumim para traducir el Libro de Mormón. Por supuesto, no podemos ignorar otras citas atribuidas a él que parecen contradecir este hecho.

Al examinar algunos de los diversos informes del testimonio de David sobre el método de traducción del Libro de Mormón, se deben tener en cuenta los siguientes hechos.

1. Su testimonio, en el mejor de los casos, es secundario, ya que nunca vio los intérpretes, a los que también llamó Urim y Tumim (u otros

---

[47] Historia de RLDS 3:78 - 90.

[48] Historia de RLDS 4: 318.

[49] Historia de RLDS 4: 551.

[50] Historia de RLDS 4: 558-559.

instrumentos de traducción) durante el proceso de traducción.

2. Ninguno de los testigos de primera mano vivía para corregir las discrepancias en las declaraciones atribuidas a Whitmer, durante sus últimos años.

3. Debido al paso de años desde el evento (casi medio siglo antes de que las declaraciones de Whitmer fueran ampliamente solicitadas e impresas) su memoria habría perdido algo de su frescura.

4. Los reporteros a veces citan y tergiversan debido a malentendidos y/o prejuicios personales.

Hay impresas al menos cuatro descripciones de los instrumentos de traducción que David Whitmer dio en sus últimos años. El primero de ellos es de un relato de una entrevista de David por el Apóstol T. W. Smith.

"Personalmente lo escuché [a Whitmer] declarar, en enero de 1877, en su propia casa en Richmond, Condado de Ray, Missouri, que vio a José traducir con la ayuda del Urim y Tumim una y otra vez,... escrito principalmente por Oliver Cowdery y Martin Harris, ya que la traducción fue leída con la ayuda del Urim y Tumim de los caracteres de las láminas por José Smith."[51]

La esencia de esta clara declaración, de que David afirmó que el Urim y Tumim se usó para la traducción del Libro de Mormón, se repitió en entrevistas a 0. Pratt y J. F. Smith en enero de 1879, e impresos en el Deseret Evening News; a E. D. Briggs y R. Etzenhouser en enero de 1884 e impreso en el Saints 'Herald; y a un reportero para el St. Louis Republican en julio de 1884 e impreso en ese periódico.

J. L. Traugher, hijo, desafió la declaración del apóstol Smith en una carta al Saints' Herald, en 1879. Traughber declaró que Whitmer dijo que José Smith tradujo "por medio de una piedra opaca de color oscuro."[52]

El apóstol Smith respondió en una carta a los editores del Saints' Herald, reafirmando la declaración de Whitmer a él.[53]

En una carta de respuesta posterior, el apóstol Smith enfatizó que Whitmer describió a los intérpretes tanto para un periodista del Chicago Times como para él "con la forma de un par de anteojos mucho más

---

[51] Saints 'Herald 26: 128.

[52] Saints' Herald 26: 341.

[53] Saints' Herald 27:13.

grandes."[54]

Una tercera descripción se imprimió en el Kansas City Journal, el 5 de junio de 1881. Esta contiene elementos de una descripción de compromiso. La similitud con el Urim y Tumim se expresa en varias piedras, que se llaman intérpretes, su relación con las láminas y la posición de uso. La principal diferencia está en el color y la transparencia de las piedras.

"Tenía dos pequeñas piedras de color chocolate, casi en forma de huevo y perfectamente lisas pero no transparentes, llamadas intérpretes, que estaban con las láminas. No usaba las láminas en la traducción, sino que tenía a los intérpretes frente a sus ojos."[55]

La declaración, "no usó las láminas en la traducción" (ya sea debido a la falibilidad de Whitmer o del reportero) está en contradicción con otras declaraciones de Whitmer en la misma entrevista, así como en otros relatos.

"... [Cowdery] debería ser su escriba para ayudar en la traducción de las láminas. Él continuó y José tradujo de las láminas..."[56]

"Al día siguiente, después de llegar allí, empacaron las láminas y seguimos nuestro viaje a la casa de mi padre y comenzamos a traducir el resto de las láminas..."[57]

En un testimonio posterior a William H. Kelley, impreso en el Saints' Herald, de septiembre de 1881, Whitmer declaró:

"No importa lo que digan los demás, sé que José Smith fue un profeta de Dios y que tradujo el Libro de Mormón, por inspiración de Dios, de las láminas de los nefitas."[58]

La cuarta descripción recibe una consideración especial debido a la amplia circulación de porciones de la misma, y debido a la importancia injustificada que le dan algunos autores. En el Saints' Herald (13 de noviembre y 20 de noviembre de 1886) se encuentra una reimpresión de un artículo completo del Chicago Inter-Ocean, del 17 de octubre de 1886. Este, a su vez, fue una reimpresión, con algunas modificaciones, del

---

[54] Saints' Herald 27:67.

[55] Saints' Herald 28: 198.

[56] Saints 'Herald 28: 197.

[57] Saints' Herald 28: 198.

[58] Saints' Herald 29: 68.

Omaha Herald, que era el relato de un periodista de una entrevista con David Whitmer. La cita de este artículo más utilizada es la siguiente:

"Las primeras 116 páginas, cuando se completaron, fueron confiadas con permiso a las manos de Martin Harris, quien las llevó a casa, a sus incrédulos parientes en triunfo, esperando que la exposición convirtiera a su familia y parientes de su hostilidad intransigente a las premisas religiosas que había adoptado. Al retirarse por la noche, encerró las preciosas páginas en un cajón de una mesa, junto con su dinero y otros objetos de valor. Por la mañana se sorprendió al descubrir que habían sido robadas, mientras que su dinero había quedado intacto."

"Nunca fueron encontradas y nunca fueron reemplazadas, de modo que el Libro de Mormón hoy contiene 116 páginas menos del material original, lo que aumentaría el volumen completo en un cuarto de su tamaño actual. Este descuido imperdonable provocó el tipo de castigo más tormentoso del Señor, quien tomó del profeta el Urim y Tumim y expresó su condena de otra manera. Al orar fervientemente y humillarse a sí mismo, el profeta, sin embargo, nuevamente encontró favor, y le fue presentada una extraña piedra ovalada, de color chocolate, aproximadamente del tamaño de un huevo, solo que más plana, que, según se prometió, debería cumplir el mismo propósito que el desaparecido Urim y Tumim (este último era un par de piedras transparentes colocado en un marco en forma de arco y se parecía mucho a un par de anteojos) Con esta piedra se tradujo todo el presente Libro de Mormón."[59]

Después de que la primera entrega del artículo del Chicago Inter-Ocean fue reimpreso en el Saints' Herald, los editores recibieron e imprimieron una carta de Whitmer en la que declaraba que el periodista había entendido y citado mal sus declaraciones.[60]

Al menos dos inexactitudes históricas también están contenidas en esta cita. La primera inexactitud es que el material de las 116 páginas no fue reemplazado. Este material de las 116 páginas perdidas fue reemplazado por un relato paralelo, traducido de las láminas menores de Nefí,[61] que muestran, nuevamente, que los propósitos de Dios no pueden ser frustrados. La segunda inexactitud es la afirmación de que una piedra

---

[59] Saints' Herald 33: 707-708 y 721.

[60] Saints' Herald 33: 764-765

[61] Doctrina y Pactos 3: 1-9

sustituyó al Urim y Tumim. De todas las fuentes primarias disponibles (presentadas en la Parte Uno) hay evidencia obvia de que José Smith recibió nuevamente los intérpretes originales después de esta primera pérdida, los tuvo durante todo el período de traducción y los usó para traducir el Libro de Mormón.

Para aceptar el artículo del Chicago Inter-Ocean, como una declaración de hecho sobre el método por el cual se tradujo el Libro de Mormón, también requeriría la aceptación de otras declaraciones falsas, en el mismo artículo, sobre la misma base.

Estas incluirían las afirmaciones:

1. Que José Smith era un profeta caído,

2. Que Jesucristo fue el último sumo sacerdote,

3. Que los apóstoles, presidentes y consejeros, y sumos sacerdotes no eran accesorios de la iglesia, y

4. Que José tenía una tendencia a abandonar la fe primitiva e introducir doctrinas condenables.

Los editores de The Saints' Herald fueron muy amables con David Whitmer al discutir sus declaraciones, pero, sin embargo, declararon la situación con toda franqueza:

"David Whitmer es ahora un anciano (más de ochenta), desgastado y debilitado en mente y cuerpo, y todos deben mirar con paciencia y compasión sus errores y declaraciones falsas, reales o aparentes, también en lo que parecen ser sus prejuicios contra el Vidente y la Iglesia, y atribuirlos a las debilidades humanas, en lugar de un mal intencional. Los entrevistadores ahora le piden que cuente lo que ocurrió hace cincuenta o sesenta años, y cuando reciben sus declaraciones las visten en su propio idioma y, sin duda, exageran e incluso le agregan... La evidencia escrita autorizada es muy superior a la memoria de los ancianos y enfermos. Le deseamos lo mejor a David Whitmer, pero rechazamos sinceramente sus teorías y resistimos sus errores."[62]

Aunque Whitmer negó que el artículo fuera exacto, cabe señalar que muchas de las inconsistencias y declaraciones falsas se repitieron en el discurso de Whitmer A Todos los Creyentes en Cristo, que se distribuyó por toda la iglesia en 1887 junto con los esfuerzos para organizar un

---

[62] Saints' Herald 33: 723-724.

movimiento disidente.[63]

En la página 8 de este folleto, tal como lo reimprimió la Iglesia de Cristo (Temple Lot), declaró que él era un Anciano en esa iglesia. En este obvio intento de demostrar que José Smith es un "profeta caído," en un esfuerzo por establecerse como un líder religioso y comprender su relación y creencia en las "piedras videntes" de Hiram Page y la Sede de Kirtland, se entiende fácilmente que él podría repetir el mito del método sustituto de traducción.

A la luz de las muchas declaraciones contradictorias que Whitmer hizo sobre el uso de las láminas y los medios por los cuales fueron traducidas, las únicas declaraciones de sus últimos años que pueden considerarse confiables son aquellas que están de acuerdo con los testimonios de sus primeros años, y que concuerdan con los testimonios de los testigos de primera mano.

Martin Harris

Martin Harris dejó un testimonio muy importante de la existencia de las láminas en su declaración de haberlas visto y los grabados en ellas. Él testificó que las vio por el poder de Dios. También actuó como escriba de José Smith al traducir las primeras páginas del Libro de Mormón, las que Harris fue responsable de perder.

Además de su testimonio como uno de los tres testigos, solo tenemos unos pocos informes de segunda mano de su testimonio y algunas breves cartas que han sobrevivido. Las cartas no especifican detalles de los medios de traducción, lo que nos deja con los informes secundarios menos confiables sobre ellos.

En Rochester Gem, en septiembre de 1829, describió el uso del Urim y Tumim.[64] Se atribuye una declaración diferente a Martin Harris, que se ha utilizado para contradecir su testimonio y para promover la teoría de la piedra sagrada. La declaración nos llega unos cincuenta y tres años después de la finalización de la traducción, y seis años después de la muerte de Harris. The Millennial Star informa una reimpresión de una carta, a los editores de Deseret News, del señor Edward Stevenson, de Utah. El informe fue en dos entregas del Star. En la segunda parte (6 de febrero de 1882) se afirmó que Harris dijo que José había usado una

---

[63] Historia de RLDS 4: 558-559.

[64] New Witness 1: 151-152.

piedra sustituta.[65]

Este informe no solo llegó a través de una ruta tortuosa y tardía, sino que el testimonio válido de Harris no corrobora la afirmación de Stevenson. También debemos reconocer que las reimpresiones publicadas en Millennial Star, después de la muerte de José, a menudo fueron distorsionadas y poco confiables como hecho histórico, según el fallecido Charles A. Davies, ex historiador de la RLDS.[66]

Testimonio de Emma Smith

El testimonio de Emma Smith Bidamon, en 1879, también a veces ha sido malinterpretado. Este se publicó por primera vez en el Saints' Herald del 1 de octubre de 1879 y se reimprimió en la Historia de la Iglesia Reorganizada de Jesucristo de los Santos de los Últimos Días 3: 353-358. En aras de la brevedad, citaremos aquí solo las respuestas de Emma, pero recomendamos que se lea toda la entrevista en la Historia.

"Sé que el mormonismo es la verdad; y creo que la iglesia fue establecida por dirección divina. Tengo plena fe en ella. Al escribir para tu padre, escribía frecuentemente día tras día, a menudo sentada a la mesa cerca de él, él sentado con la cara enterrada en su sombrero, con la piedra dentro, y dictando hora tras hora sin nada entre nosotros."

"No tenía ni manuscrito ni libro para leer."

"Si tuviera algo por el estilo, no me lo podría haber ocultado."

"Las láminas a menudo yacían sobre la mesa sin ningún intento de ocultamiento, envueltos en un pequeño mantel de lino, que le había dado para envolverlas. Una vez sentí las láminas, cuando estaban sobre la mesa, trazando su contorno y parecían flexibles como el papel grueso, y crujían con un sonido metálico cuando los bordes se movían con el pulgar, como a veces se manipulan los bordes de un libro."

"Oliver Cowdery y tu padre escribían en la habitación donde yo estaba trabajando."

"José Smith (y por primera vez usó su nombre directamente, ya que usaba las palabras 'tu padre' o 'mi esposo') no podía escribir ni dictar una carta coherente y bien redactada; mucho menos dictar un libro como el Libro de Mormón. Y aunque participé activamente en las escenas que ocurrieron, y estuve presente durante la traducción de las láminas, y tenía

---

[65] The Millennial Star 44: 86-87.

[66] Saint's Herald 109: 23.

conocimiento de las cosas a medida que ocurrían, es maravilloso para mí, una maravilla y un prodigio, tanto como para cualquier otra persona."

"No intenté manipular las láminas, aparte de lo que te dije, ni descubrirlas para mirarlas. Estaba satisfecha de que era obra de Dios y, por lo tanto, no sentí que fuera necesario hacerlo."

"Creo que lo hizo, sabía que las tenía, y no tenía especial curiosidad por ellas. Las moví de un lugar a otro en la mesa, ya que era necesario para hacer mi trabajo."

"Creo que el Libro de Mormón es de autenticidad divina; no tengo la menor duda de ello..."[67]

De las declaraciones de Emma, estos elementos deben tenerse en cuenta cuidadosamente:

1. Ella menciona el uso de un sombrero, que aparentemente sirvió para ocultar el Urim y Tumim de su vista, mientras el mantel ocultaba las láminas.

2. Cuando menciona la piedra, no define si se refiere a la "Piedra Vidente," como se usa en la terminología de Oliver Cowdery para referirse a los intérpretes, o una piedra como la utilizada por Hiram Page. La evidencia circunstancial indicaría que ella usó el término a la manera de Oliver Cowdery, ya que la piedra de Page no aparece hasta después de que se completa la traducción y las láminas y los intérpretes fueron devueltos al Ángel. Ella declara específicamente que nunca vio las láminas, y no hay indicios de que haya visto lo que había en el sombrero, por lo que su referencia podría admitirse solo como testimonio secundario o rumores.

3. José no usó ningún manuscrito o libro aparte de las láminas mientras traducía.

4. Ella dice que sabía que él tenía las láminas disponibles debajo de la tela porque sintió e hizo sonar las hojas.

5. Ella no dice que José nunca miró las láminas debajo de la tela, ni niega que las haya usado durante la traducción. Ella dice que estuvo presente durante la traducción de las láminas.

El Señor le explicó a Emma por revelación, poco después de la publicación del Libro de Mormón, que fue en su sabiduría que se le impidió ver muchas de estas cosas. En Doctrina y Pactos 24: 1b se le dijo:

---

[67] Saints' Herald 26: 289-290.

"No murmures por las cosas que no has visto, porque te son retenidas a ti y al mundo, lo cual es sabio para mí en el tiempo por venir."

Fawn Brodie en su libro, Nadie Conoce mi Historia, página 20, atribuye una declaración del método sustitutivo de traducción a Emma, sobre la base de una carta que tiene su nombre firmado. Hay dudas sobre su validez porque hay registrada al menos una carta falsificada atribuida a Emma durante su vida. Fue impresa en el New York Sun el 9 de diciembre de 1845, sobre lo que se suponía que era su firma. En ella se argumenta que había renunciado a la fe de José y dudaba de sus afirmaciones. Emma denunció rotundamente esta carta como una falsificación, en una nota a ese periodico, que se imprimió en el Times and Seasons del 15 de enero de 1846, p. 1096.[68]

El testimonio de Emma relacionado con la fidelidad de José en el matrimonio, su enseñanza de la monogamia, su posesión de las láminas y la traducción del Libro de Mormón de ellas son primarias. Aunque el Señor nunca le permitió verlas, o el Urim y Tumim, se le permitió manipularlas mientras las movía en el proceso de limpieza de la casa. Ella da un testimonio muy fuerte de su existencia y apoya el testimonio principal de aquellos que realmente tradujeron las láminas.

Resumen y conclusiones

Cuando se consideran los testimonios secundarios tardíos y se comparan con los primeros testimonios primarios de José Smith, Oliver Cowdery e, incluso, los primeros testigos secundarios, pronto queda claro que se desarrolló un poderoso mito histórico que supuso que José Smith usó una "piedra sagrada" en lugar de los intérpretes, conocidos por él como Urim y Tumim, para traducir el Libro de Mormón.

Un corolario de este mito, pero inconsistente con él, es la idea de que José Smith no tenía, o no usó, láminas de las cuales traducir el Libro de Mormón. Si no había láminas para traducir, o si las láminas no se utilizaron en la traducción, no se utilizó ningún instrumento para la traducción. En este caso, no se pudo haber usado ninguna "piedra sagrada." El mito se desarrolló a partir de la publicación de acusaciones falsas por parte de enemigos de la iglesia, y de declaraciones distorsionadas de testigos secundarios, muchos de los cuales negaron las acusaciones impresas a medida que aparecían.

---

[68] Historia de RLDS 4: 267.

La evidencia muestra que el Señor cumplió su propósito en la creación, preservación y uso de los intérpretes divinos, llamados Urim y Tumim, para la traducción del Libro de Mormón de las láminas guardadas en fideicomiso por José Smith, hijo, hasta que el Libro de Mormón fue traducido por el don y el poder de Dios.

Referencias consultadas en orden alfabético

1. (Historia de Corrill) Brief History Of The Church Of Jesus Christ Of Latter Day Saints, por John A. Corrill, St. Louis, impreso para el autor, 1839.

2. Deseret News, citado en Millennial Star, vol. 44, núm. 6, págs. 86-87 (30 de enero de 1882).

3. (Elders' Journal) Elders' Journal of the Church Of Jesus Christ Of Latter Day Saints. José Smith, hijo, editor, Far West, Missouri.

4. Fall River (Mass.) Herald. Reimpreso en el Saints' Herald, vol. 26, núm. 8, págs. 128 (15 de abril de 1879).

5. Kansas City Journal, 5 de junio de 1881. Reimpreso en el Saints 'Herald, vol. 28, núm. 13, p. 198 (1 de julio de 1881).

6. Messenger and Advocate, Kirtland, Ohio, (octubre de 1834) cita corregida en The History Of The Reorganized Church Of Jesus Christ Of Latter Day Saints, vol. 1, p. 33)

7. Mormonism Unvailed, Eber D. Howe, Painsville, Ohio, 1834.

8. Myth of the Manuscript Found, por George Reynolds, p. 79-80 como se cita en History Of The Reorganized Church Of Jesus Christ Of Latter Day Saints, vol. 1, p. 50

9. (New Witness) A New Witness For Christ in America, por Francis W. Kirkham, prensa de Zion's Printing and Publishing Co., Independence, Missouri.

10. No Man Knows My History, Fawn Brodie, A. A. Knopf, Nueva York, 1945.

11. (Palmyra, N. Y.) Freeman, tal como aparece en el Rochester Daily Advertiser and Telegraph, 31 de agosto de 1829, citado en A New Witness For Christ in America, por Francis W. Kirkham.

12. (Palmyra, N. Y.) Reflector citado en A New Witness For Christ in America, por Francis W. Kirkham.

13. (Historia RLDS) The History of The Reorganized Church Of Jesus Christ Of Latter Day Saints, Herald House, Independence, Missouri.

14. (Rochester, N. Y.) Daily Advertiser and Telegraph, citado en A New Witness For Christ in America, por Francis W. Kirkham.

15. (Rochester, N. Y.) Gema citada en A New Witness For Christ in America, por Francis W. Kirkham.

16. Saints' Herald, La Iglesia Reorganizada de Jesucristo de los Santos de los Últimos Días, Herald Publishing House, Lamoni, Iowa e Independence, Missouri.

17. The Millennial Harbinger, Alexander Campbell, editor y editor, Bethany, Virginia.

18. The Story of the Church, por Inez Smith Davis, Herald Publishing House, Independence, Missouri, 1959.

19. Times and Seasons, Nauvoo, Illinois, 1842-1846.

20. Today's Health, publicado por la American Medical Association, vol. 40, núm. 12, pág. 53 (diciembre de 1962).

CONTENIDO